JN440796

오늘의문학 시인선 451

늙은 베르테르의 죽음

김식 시집

오늘의문학사

늙은 베르테르의 죽음

■ 서시

기억의 박제

한때 눈부시었던
하지만 이젠 보잘 것 없는,
차라리
버려진 지도이어라.

그래도
누군가 날 훑어준다면
기꺼이
그 사람을 위해 내 몸 던지리.

긴 잠에서 깨어나
비밀처럼 눈을 뜬
잃어버린 지 오래된 이름이여

함께 지내왔던 최고의 그녀
그래서 더욱 잔인한 최악의 작금
긴 터널을 뚫고
이제
새로운 생을 찾아 떠나려는데

멀어졌던 뒷모습만 떠오르는 것이
어리석었던
지난날에 대한 보상으로 남은
내 기억의 잔영이라면,
지독한 너
차라리
보편적 진리로서 박제로 남으라.

1부 로맨스

2부 죽음

3부 그리움

4부 타자

5부 철학

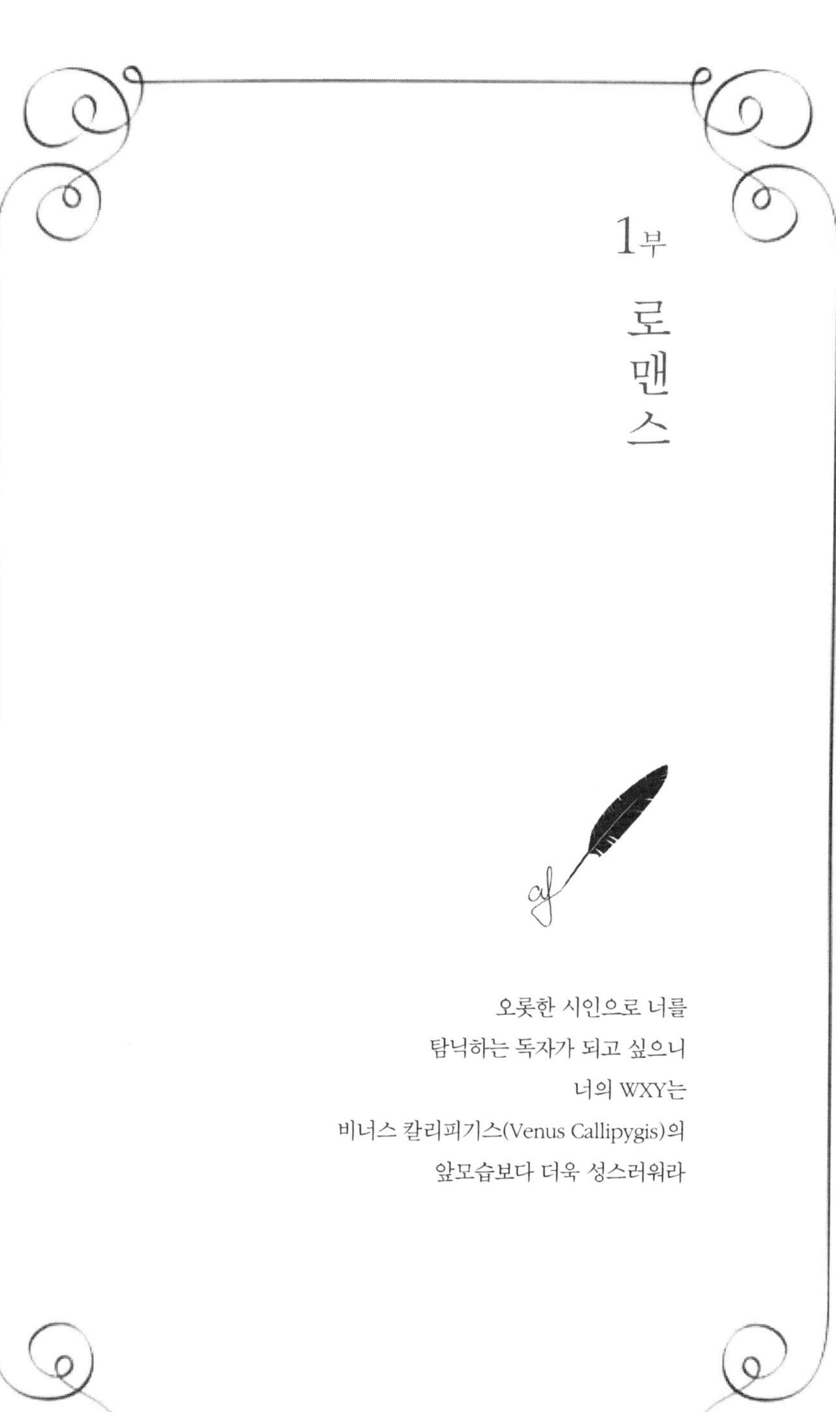

1부 로맨스

오롯한 시인으로 너를
탐닉하는 독자가 되고 싶으니
너의 WXY는
비너스 칼리피기스(Venus Callipygis)의
앞모습보다 더욱 성스러워라

Kissing Under The Umbrella

태양의 심장 아래
우린 키스를 나누고
하지만
사랑한다는 말이 필요 없는 시간들
거침없이
나의 옷을 던져버리고 싶은데
당신의 입술로 나를 어루만지니
녹아내리는 가슴으로
할 수 있는 게 뭘까요

이렇게
황홀한 색감이 우리를 물들일 때
차라리
비를 맞이하며 무색으로 칠해버릴까

우리의 이야기들이야
내일이면 잊혀지겠지만
지금 이 자리
당신이라는 공간만은 붉게 남고

내가 흘린 장미 퍼품은
기억으로 취하고
함께 있는 이 순간이 영원으로 남기를

우린 이별을 알기에 키스를 하고
걱정 말아요
기억으로 죽는 날까지 헤어질 일 없으니
이유 같은 건 묻지 말아요
이미 내 심장은 당신의 것이니까요
다만,
사랑한다고 말하지 않기를

이제 우리의 만남이 저물어가요.

WXY

비는 내리고
잠깐 꿈을 검색한 뒤라
혼미한 정신에 내가 보았던 것을 꺼내보기에
빗소리와 혼합된 생각은
중심을 잃어버린 채,
꿈속의 너에 대해 기억하려는 것만 토해내련다

W,
아름다움의 첫 번째 형상으로
그것은 나의 눈을 마비시키고
이성을 멈추게 하는 순간으로 남으며,
나의 얼굴이 묻혀 영원히 잠들게 하는 무덤이 되니

X,
죽음의 깊이에만 천착하게 된 나는
낡은 창부와의 앳된 애무에서 탈출해
드디어 너를 흥분시킬 수 있을 계급장을 달고
애욕의 골짜기에서
너와의 춤을 즐길 수 있게 되며

Y,
더 이상의 쾌락이 존재하지 않음을 증명해주는
너의 둔부에서
나는 너에 대한 단 한 마디의 평론조차
꺼내지 못하는 아둔한 천재로 남게 된다

이렇게 나는
관능과 관능 사이의 야릇한 섬 한가운데에서
방황하는 나그네이기에
비록 갈 길을 찾지 못하지만

오롯한 시인으로 너를 탐닉하는 독자가 되고 싶으니
너의 WXY는
비너스 칼리피기스(Venus Callipygis)의 앞모습보다
더욱 성스러워라

그리고 나는 너의 성채에서 자멸로 복종하리라.

사랑

오늘도 역시 잠자리에 들기 전에
나는 항상 그녀와 처음 만났던 날을 떠올린다

그래야만 한다는 비겁한 강박관념을 실천해야만
잠에 귀속될 수 있기 때문일까

비록 이런 지랄이 정신 나간 짓이라 할지라도
덕분에 그녀와 나는 날마다 새로울 것이며
이미 헤어졌다는 사실을 망각하지 않는 한,
나에게 있어서는
그녀와 함께 한다는 시간의 연속성이 제거될 수 없고

그녀를 영원히 잃고 싶지 않음으로 나는 경우에 따라
그녀와의 사랑을 재구성할 수밖에 없으며
그렇게 됨으로 인해 쾌락주의와 도덕의 결합 따위는
내게 그다지 중요하지 않게 된다

차가운 밤에 그녀를 다시 한 번 떠올리려 드는 것은
내가 저질렀던 좆같은 내 과거를 단죄하려는
의지 때문이라고 변명하기에

결국 나는 알렝 핑켈클로트의 바레스에 대한 찬성을 빌어
상상할 때조차도 그녀는
내게 있어 능동적이고 창조적인 접근의 대상이 아닌
그저 수긍하고 따라야 할 실체임을
인정할 수밖에 없다는 진실을 깨닫는다

내가 억지로 나의 생을 연명할 수 있는
단 하나의 이유를 밝히려 든다면
오직 그녀의 존재만으로도
세상은 내게 아름다운 가치로 가득 넘쳐나기 때문이리

가치라는 개념에 대한
진정한 정의를 내릴 필요조차 느끼지 못한 채로….

위험한 로맨스

지붕들이 온통 잿빛으로 덮였었다
너무 어려서였을까
손 한 번 제대로 잡아볼 수 없었었던 M을 그리워하는
나는 이리도 멍청할까

분명 그 겨울은 몹시 추웠고 M은 눈짓으로
얘기했던 것 같은데
계단은 미끄러웠고
업고서라도 올라갈 수 있었던 공원길이었잖아

그게 M과의 마지막 장면이었고, 서른 해가 지나서야
돌아가고 싶은 까닭이라면
내 시절의 첫 짝궁이었고
내 성인의 시작 역시 그녀였으니
그게 내 어설픈 첫사랑이었던 것 같아서
이렇게 웃음이 나오는 것이겠지

특별한 연유랄 것도 없이
우린 사귀지도 못하고 헤어질 일도 없었으니

내가 M을 그리워하는 게
모자란 짓처럼 느껴지는 건 당연한 거구

얼마 전, M의 소식을 들었는데
결혼을 했고 남편과 헤어진 후
홀로 딸아이와 단둘이 살고 있다는 얘기였다

기분이 묘할 수밖에
분명 M때문은 아니었지만 나는 아직 미혼이고 문득문득
M에 대한 추억이 떠오르곤 했었으니 말이다
어쩌면 M에 대한 나의 기억이 일상이었을 수도 있었는데
다만 감지하지 못했던 것일까

혹시 M의 이혼 사유가 나 때문이었다면
내가 이렇게 넋 놓고 있을 수만은 없지 않겠는가
그런데 내가 왜 미소를 짓는 것일까
드디어 나의 암울했던 지난날들에 대한 종말을 고하는가
이제 나의 촌음은 생생한 욕망으로 거듭나게 되는가.

나는 너에게로 간다

너의 눈동자에게 언어를 건넨다
안고 싶다고
내게 윤리를 강요 말아달라고

습관처럼 나의 시선은
너의 무릎으로 향해있고
시간이 이대로 정지되었으면 좋으련만
서로의 눈빛이 장애물인 까닭은

네 입술을 음미하고 싶은
단 둘뿐인 겨울 카페에서 우리는
서로에게 그리운 이름을 떠나보내지 못해
어제와 같은 마음으로 마주앉아있다

커피잔 속에 담겨지는 유혹의 호흡
뜨거운 사건이 일어날 수 있을까
침묵의 통로를 헤치고
너의 세계로 걸어가려하는데

공간의 불빛은 우리의 눈동자를 밀어내고
바깥 세계는
검은 칠로 덮여있는 외로운 캔버스
보내고 싶지 않은 내 욕망의 야릇한 질문 한 가지
이제 너와 나는 어디로 향할 것인가?

가난한 연인들의 기도

우리는
한 몸이 되었노라
잘못이 있다면
만남부터
서로를 가지려했다는 진실

부둥켜안을 때
우리는
안심의 화로가 될 수밖에
그것만이
살아가는 힘이 되는 것을

증오스런
큐핏의 화살이
한 치만 빗나갔더라도
그랬다면
너는 나로 인해 무-고통이었으리라

연인아,
이렇게 발가벗어야
너를 사랑할 수밖에 없으니
너의 독침으로
나의 욕정을 마비시키도록

무심코
내가 뒤돌아보거든
가차 없이 버리며
소란스럽게 웃어다오

나,
무슨 여력으로 널 붙잡겠는가
차라리
슬픔을 벗 삼아 미련 없이
나신의 바람으로 떠돌다 사라지리라.

그대라는 인연

소리 없이 풀잎 흔들리듯
천사의 날갯짓으로 다가온 너
그 처음은 내게 낯선 풍경이었다

누군가 미리 귀띔이라도 해주었다면
널 맞이하기에 떨림 하나 없었을 터인데
어찌하여
비밀스런 당황을 눈치채지 못하였나보다

인연이란,
순응될 질서를 어지럽히기 위해
나 스스로 하늘이 되어 너를 택했다는 자위를
세상 길바닥에 찍는 하나의 점

오래전
신의 허락 없이
간절하게 사랑했다는 죄명으로
널 고독이라는 감옥에 날 대신하여 넣었고
난 이후의 나날들을 몇 자락 추억의 올만 감은 채
고통이라는 지옥에서 연명할 수밖에 없었다

지내온 날들이야 설명할 길 있으랴

그저
너에 대한 기억이 내 심장에
드문드문 발자국으로 찍혀가고
그러다 죽을 날만 기다릴 수밖에

비겁했던 나,

지금
가증스런 한 인간이 밤새워 달려
간절하게 도착하고 싶었던 종착역으로,
한 생명의 연어로 그 먼 세월을 돌아
너에게로 돌아가려는 것은
다가올 날에 혼자 남아 서럽게 울기 싫어서일까
오직,
너만 부둥켜안으려는 연리지로 살기 위해서일까.

사랑도 나도 변하지 않는다

사랑에게로,

감히 버릴 수 없고
감히 물러설 수도 없으니
누구 하나 가려하지 않을지라도
나 바람을 펄럭이며 향하리라

너에게로,

나의 용기는 각오된 무기이며
나의 마음은 타자에게 금지된 성역이니
유혹에도 잘리지 않을 나의 심장에
너의 고독은 죽음을 거부하지 못하리라

이제,

너에 대한 나의 사랑은 기억으로 스며들지어니
어찌
너의 어둠이 나로 인해 빛나지 않겠는가
어찌
누가 나의 죽음을 감히 비웃을소냐.

데미지(Damage)

세상,
금지된 사랑이 존재하기에
난 너를 만나 파멸할 수밖에 없고
하지만
그게 운명처럼 느껴지기에
절대 도망치고 싶지 않으니

처절하리만큼 널 원하는 나의 욕망
끝이 보이리라,
하지만 끝을 기대하지 않았으니
난 죽음으로 너와 헤어질 수밖에
보이지 않는 사랑으로 널 영원히 가질 수 있는

어쩌면 가식으로 살아왔을
그래서 진실한 섹스에 눈을 떴을
비록 그 대상이 사랑해선 안 될 너일지라도
더 이상의 충격이 내게 다가오지 않음을 알기에
여기서 내가 너에게 가할 수 있는 손상으로

너와 나,
비극의 세계에서 벗어나지 못하리.

섹스에 빠지고 싶은 날

생각해보지 않았던
중년의 고백

한동안
지나치게 섹스를 두려워하며,
진한 사랑을 나누었던
그녀마저도 포기해야만 하는

하지만,

여기
뭇 연인들의 시야에마저
공포의 무기였던
내 젊은 상징의 무기력을 일소해주는
그림 한 장

나,
다시 살아나라

고독한 붉은빛의
힘없는 나뭇가지야
내 양손으로 베어내면
그만인 것을

이제
밤새 오랜 아픔에 겨워
홀로 불타오르며
욕정의 갈증에 여윈
여인을 찾아,

무더질 욕망의 푸른 꽃을
흔들기 위해
솟구치는
나의 불기둥으로
그녀의 설움을 어지럽혀 주리라!

죽어서도 너만 사랑할 수 있게

살이 타는,
수없이 많은 밤을 지새며
오직 너이기에
내 격렬한 사랑을 퍼부었고
늘 기다리던 네 목소리
시간으로 흘러
내가 모르는 이유 하나 없을
너라는 진실
남겨진 건 귓가에 들리는
슬픈 비의 숨소리

너와 어울리던
모든 하늘 아래의 향기들
그렇게
허무하게 스쳐지나갈 바람이었는데
나는 어이
너와 같은 생각을 하며 지내왔을까
기대했던 많은 시간들 속에서 남은 건
오직 너

내 앞에 놓인 기억들 중에
빠져들 수 있을 단 하나
다시 한 번
그 추억의 너를 불러낼 수 없다면
차라리
나의 심장에 너라는 시간이 박힐 수 있도록
죽어서도 너만 바라볼 수 있게
죽어서도 너만 사랑할 수 있게.

리메이닝 로맨스

대신할 수 있을 게 오히려 낯설을
아직도
남아있는 트루-로맨스,
그대와 단둘이었기에 가능했던
그 수많은 초록빛 가을하늘
그 수많던 붉은빛 밤들

하지만 잃어버린 노래들
너무 이르게 요절한,
쓸쓸함만 쌓여가는 애닯은 연애

아직 내 눈가에 아른거리는
유혹으로 다가와
사라져가는 꿈일지라도
멀어져가는 사랑일지라도
기억이야
그대의 머릿결 내음처럼
새록새록 내게 현전하지 않겠는가

그래서 다시 사랑하려
잠시 다가온 추억에 빠지며
달콤하게 불러보는 그대 눈동자
나를 잊어갈 그대에게 보내는
진정
우리의 사랑으로
가슴 바깥에 비추어 갈 마지막 서시.

달빛이 창가에 머무는 밤

그리운 마음에 창을 여니
당신은 언제부터인지 거기에 있었구려
환한 빛으로 나를 감싸 안으니
나는 행복하여 눈물이 날 것 같으네여

언제나 그곳에서 늘 그렇게
당신은 환한 미소로 나를 위로하고
따뜻한 사랑이 내 마음을 쓸어내리니
나는 고마워서 눈물이 날 것 같으네여

삶이 서러워 지쳐있어도
당신은 넓은 가슴으로 쉬게 하고
어머니의 품속 같은 포근함으로 꿈꾸게 하니
나의 영혼을 드려도 행복하네여.

Melange

색
그것은
캔버스에 드러낼
나의 고통
그대들에게 전달되는
즐거운 역설

솎아내야 할
내 붓 쥔 손이야
따뜻하게 잡아줄 교합
하지만
완성을 위해
버려질 기억의 물감들

Malange
애증의 시간은 흐르고
내게 도착하는
따뜻한 풍경소리가
귓가에 들려온다.

사랑은 마지막까지 남아있다

커피를 쏚아내고
붉은 물이 흐르는데

눈물 한 방울

하지만
그것마저 닦을 수 없고

어쩌면
마지막 미련일 수 있기에.

2부 죽음

나의 생에서 진정으로 중요한 사태란 있었던가
나는 어느 발치에서 나의 임종을 맞이해야 하는가
죽어가면서 기억하는 것처럼 아름다운 것 또 있으랴

내 정신의 기록들로 처절하게 비망록을 채울 수만 있다면
나로 인해 어리석었던 내 정열을 원망하지 않으리

나 이제 가진 것 하나 없이 굴곡의 비늘을 벗기려하니
너의 가치로 내 심장을 찔러다오

그대의 영면

눈 녹이는 봄날이면
어김없이 찾아오는
그리움에 사무쳐진
그대 떠난 그 다음날

차가운 바람 가고
미풍에 씻기어갈
젊은 아내의 슬픈 미소
아름다움 그지없어라

이승에서 못 다한 사랑
나 죽으면 꽃 피울까
나 그대 곁을 지키지 못해
이렇게 아파하건만

한 사내 한 여인 사랑한 후
신이 질투한 단죄인가
꽃보다 아름다운 여인의
모습마저 앗아 가는가

내 사랑하는 여인이여
적어도 내게 있어
그대의 영면은 세상의 종말
어쩔 수 없는 나의 파멸

어쩌면 그보다 더할
마음 찢어지는 고통
영원이야 비록 존재하지 않는다만
사랑은 끝내 불멸의 시간.

비창

피맺힌 하늘가에
절규하는 까마귀처럼
내 마음은 온통 그대에게
다가서고

가늠할 수 없는 시선으로
바라보다 지친 두 눈은
행여 그대 앉아 쉬어가고 있을
어디론가 향하며

봄이 오고 얼음이 녹아서야
내 몸 쉴 곳 찾아
그대의 곳에 다시 갈까
마냥 기다리고 있네

반쪽의 심장에 화살 꽂혀진 내가
과연 무엇을 이해해야 하는지
알려주는 이가 있다면 좋으련만
꽃을 피우지 못한 너의 날들을

비참하게 앗아간 저 하늘의
주인에게 고함치는 나의 추운 겨울

그 찬란한 봄이 기어이 흘러
나의 사랑을 찾아 미친 듯이 떠돌았으나
가진 모든 기억들은 진정 비극이었고
불현듯 냉랭해진 나의 모든 추억들은
헤매고 있는 환몽의 영혼처럼
어두운 내생을 훑어내고 있지만

나의 어리석음을 탓할 수 없어도
나의 비겁한 시절을 토해낼 수 없어도
나는 나의 가치를 뽑아내고 있다.

풍편

그리운 님에게 갈 수 있으리라는
주먹손의 아련한 신앙으로
바람결에 마음을 실어보며
개념의 세계에 기대지 않고
오로지 감각에 접근하여 나는
망각된 안면에 기대어본다
그리고 어느 날
백주의 태양이 어지럽힐 때
비로소 난 부드러움의 바람을 발견하고
부드러운 바람은 님의 향기가 되어
이것은 거부할 수 없는 미적 경험으로 다가와
기어코 나는 모든 암흑에서 해방된다.

서쪽하늘(배우 장진영을 추모하며)

바람 부는 곳으로 고갤 드니
보이는 서쪽하늘은 잿빛 풍경

저무는 거리에 내려앉은 검은 시간
다를 것 없는 어제처럼 마음 시리고

밤잠을 설치며 바라보았던
어여쁜,
떠나간 배우의 미소를 떠올리며
내 한 손들어 잘 가라 인사 나누는데

노래가사처럼 그녀는 슬픔이 되어버린
더 이상 빠져들 수 없는 매력에
차라리 비 내릴 하늘을 기대하여
항상 그대를 그리워 할 공간으로 가득차기를

사슴 같은 눈망울은 아직 사진 속 그대로인 걸
아프지 않고 떠났어야 할 만인의 연인이여

애탄 하늘이 이제야 비를 뿌린다.

8월의 크리스마스

이제 그치려나 빗물
그래서 눈물이
한 장의 편지에 내 맘을 남기며
지워지지 않을
그 이름 마지막 소절에
그래야
그대 가슴 채워질 수 있음에

비 오던 거리
그리운 우산 속 너와 나
빗방울이 네 미소에 닿으면
난
잿빛 손수건에 살짝 별을 훔쳤고
너를 사랑했었나봐
이렇게 슬픈 나를 보면

이제야
완벽하게 떠나보낼 수 있다는

하늘에

감사기도를 보내야할 것 같은데

기억이

자꾸만 나의 어깨를 잡아 네게로

눈 내리길 바랐던

그해 여름으로 나를 이끌고.

나는 너로 인해 죽으리

이 고독을
누구에게도 보여주고 싶지 않은데
저 강물 위로
드러내지 않으려는 물결처럼
플라타너스 그늘 아래이면
숨길 수 있으려나

쓸쓸하게 흩어지는
겨울밤의 낙엽으로
기억의 부스러기들은
하염없이 부상하고
두려움에 떨고 있는
가련한 존재를 알아차린
스산한 바람이
내 한숨을 잠재워주는데
나의 시계는
이미 두 해 전에 멈춰버렸고
살아남으려는 기억들이
섭섭한 듯 시비를 건다

나의 생에서
진정으로 중요한 사태란 있었던가

나는
어느 발치에서 나의 임종을 맞이해야 하는가

죽어가면서 기억하는 것처럼
아름다운 것 또 있으랴

내 정신의 기록들로 처절하게
비망록을 채울 수만 있다면
나로 인해 어리석었던
내 정열을 원망하지 않으리

나 이제 가진 것 하나 없이
굴곡의 비늘을 벗기려하니
너의 가치로 내 심장을 찔러다오.

늙은 베르테르의 죽음

태양빛이
그 많은 바람을 잠재울 때
나른한 이성은
추억을 걸으며
누워있는 관자놀이에
가만히 방아쇠를 당기고
욕구를 충족하지 못한
나의 육체는
니체의 영겁회귀를 핑계 삼아
세상의
모든 클레오파트라들과
조우를 통해
쾌락의 횡포를 탐닉한다

숨겨진 본능으로
멈출 수 없는 운명을
거스를 수만 있다면
언약된 인연을 벗 삼아
타히티섬의

그림장이로 살고 싶은데
추악한 몰골과
비린내 나는 양심으로
어느 곳 하나
발 디딜 엄두조차 낼 수 없는
지경에 이르렀으니
단지
싸구려 만남을 증오하며
도덕의 계승자들을 상대로
싸우고자하는
늙은 베르테르의 심정으로
그저
슬픈 단두대에
나의 영혼을 던질 수밖에.

주검 앞에서

그대의 미 안에는 미소가 있고
빙긋한 웃음 사이로
사랑의 언어가 흐른다

눈물 같은 하얀 백합에 둘러싸여
허우룩한 노인의 손놀림에서
다음어진 그녀는 떠나가고
회한 너머 시선의 부재를 직감하듯
청초한 죽음은
나의 마음을 눈 녹은 봄처럼 따뜻하게 한다

나의 심장은
그녀와의 거리를 점점 좁히려 하는데
마지막 잎새에 차가운 촛불이 그림자를 드리우며
슬픔의 타래를 풀려 해도
빈 가슴 한 공간 눈물 한 방울 떨군다

청결히 빗어 넘긴 머리카락 아래
세계의 시간이 정지된 육체에서

그대의 파안을 보고 싶기에
비오는 지금 비록 내 숨죽인 비애로 있지만
사랑했던 기억의 편린을 찾아

나의 단미여,
미치도록 광인의 춤을 추고 싶다.

꽃

꽃 한 송이 질 때
빗물 한 줄기
두 손에 담아
이파리에 눈물로 적시어
합장으로 소원할 시
다시 내 안에서 피어날까.

비 오는 날에

차디찬 그대의 바람 속에서
나는 울부짖으며 걷는다

그 발길의 끝에 비가 오고
남들이 듣지 못할 거라
나는 눈물로 길 위의 니 모습 지운다

통곡하면 나아질까
지금 이 슬픔
어쩌면 너와의 관계를 끊을 수 있음으로

오직 너만이 내 마음을 막을 수 있음을 전제로
사랑하는 법을 가르쳐줄 수 있음을 전제로
너의 세계로 스며들어 갈 수 있음을 전제로

어쩌면
나의 마음이 해석될 수 있을까.

그대는 바람으로

길을 걸어야 느낄 수 있는지
그대 바람이 되었다면
작은 풀잎이라도 흔들릴 때
내 곁을 지난다고 생각해볼까

비가 내려 슬픈 이유는
널 느낄 수 없기 때문인가 봐
그림자 없는 외로운 길
내게 말조차 건네지 않으니

혼자라는 생각을 해본 적 없기에
이 밤이 더욱 외롭고
함께 거닐던 작은 숲
이젠 너의 추억만 머물러 있어

지키고 싶었던 둘 만의 공간들
다른 연인들의 숨소리로 가득 차
남겨진 그리움도 없는 것 같아
너와의 시절이 사라질 듯해

지우고 싶은 기억이라도 있다면
이렇게 아프지는 않을 텐데
같은 자리를 맴돌게 하는
시린 마음을 떨치고 싶어

남기고 싶은 이야기를 두고 온
그 텅 빈 자리에 나 이렇게 앉아
그 시절을 지키려는 허무함으로
널 한 번 불러보려 해

니가 바람 되어 내게 온다면
그 자리에 머물러 있으려고 해
혹시 너도 떠날 수 없을지 몰라
아니면 날 기억할 수 있게

오늘은 바람이 불지 않아 슬프다
니가 영영 떠났다는 생각에.

불안한 새벽

알 수 없을 이별의 미래
색다른 느낌으로
엄습해오는 불안한 새벽

차라리 죽음이라면
고통 따위야 웬 참견이겠는가

머무르고 싶은,

고왔던 너의 잠든 풍경
어쩌면 미완성의 사랑이었을
지루한 기다림의 흔적

내 사랑이여,

눈물이 흐르니
어느 하늘 아래 누워있을
네 볼에 입을 맞추고

나

이제야

영면을 청하겠노라.

나는 가려한다

나,

가려하는데

붙잡는 이
누구인가

미련 하나 남기지 않고 가려는
나를 끌어당기는 너는 어인 일인가

돌아가고 싶지 않은데
네가 추억이라면
그냥 나를 버려두기를

기억은 줄지어
그녀의 가슴에 도달하였으니
이제
나의 용서받지 못할 시간으로
갈 수 있게 해주기를

그녀의 모든 상징들은
내 가슴에 못을 박았고
그녀에 대한 허무한 물음조차
내가 감당할 차례라면
그녀를 떠나는 것 또한
내 삶
일상의 한 페이지가 되리라

이제,
나는 가려한다.

비스듬한

한 장의
희미한 빛으로 스쳐가는
메마른 기억

그 가운데 멈춰져 있는
비밀스런 한 사내의 계절은
둥근 슬픔으로
몸을 휘감고 서 있는데

나의 눈물은
짓밟힌 가슴에
패인 강물로 흘러
앓는 병자처럼
너로 메아리치려는 노래

비칠비칠한 고목나무처럼
생을 다해가노니
마지막 남은
빛바랜 정열의 사랑으로

잠들 수 없는
내 마지막 숨통을 연명하고 싶은데

하지만
비스듬한….

바람에 목을 매달다

이토록
바람에 집착했던 적이 있었을까
기억에 취하고 싶은데
어디로 갔는지

차가운 커피로
너를 느끼려는 지금
헤어지자는 한 통의 메시지
순간을
어찌 이리도 명확하게 포착했는가

나의 뇌를,

어쩌면 고마웠을
어제의
이 시각에 고정시킨다

가슴을 살랐던
그녀에게로부터의 이별 통보
차라리
추악했던 나의 가식으로부터
벗어날 수도 있음을

동주가 울었지
"오늘 밤에도 별이 바람에 스치운다."

나도 흘리련다
'오늘 바람의 끝자락에 나의 목을 매달고 싶다.'

길, 후

운명이라는 걸 내게 알려준
니가 떠올라
비 내리는 날엔
너도 왔으면 좋겠는데

너 떠난 텅 빈 마음엔
그저 슬픔만 가득 차 올라
그날처럼 차갑게

마음 아파도 살 수 있는 건
널 닮은 그리움에 설레니까
언제든 너를 느낄 수 있게

기다림은 또 다른 처음인 걸
웃어도 그저 미소가 숨어 버리는
그래서 더 아픈 지금의 그리움

예감으로 얼룩지던 우리의 이별
돌아선 니 모습에서
어제처럼 눈물을 담았는데

이토록 그리운 밤이 오면
너 떠난 길 눈물로 지우고 싶은지
외로운 맘 싣고 비를 뿌리나봐

계절이 다가와 나를 부르면
또 다시 기다리는 괴로움으로
그 길에서 하루를 보내야겠지

바람에 덮인 너의 향기
마음은 새벽을 걷고
바람이 나를 데리고 갈 수 있다면
그래서 널 내 품에 안을 수만 있다면
이렇게 내리는 게 너라면

내 시간들은 눈물을 담으며
너의 기억에서 잠이 들겠지
너로 물들어 가는 세상 속에서.

어느 노동자의 휴게

담배 한 개비와
타협하지 못하고
태양 속에서
일순간을 겨루며
대지를 진동하는
강렬한 인간의 비극
모든 삶을 지키기 위해
파란 봄을 기다리는
피 끓는 늙은 심장의 무게
철빔 사이의
달보드레한 봄바람에도
식은땀의 지분이
사라질까 두려워
능놀 수 없는
보금자리의 설움이
휴식을 거부한다.

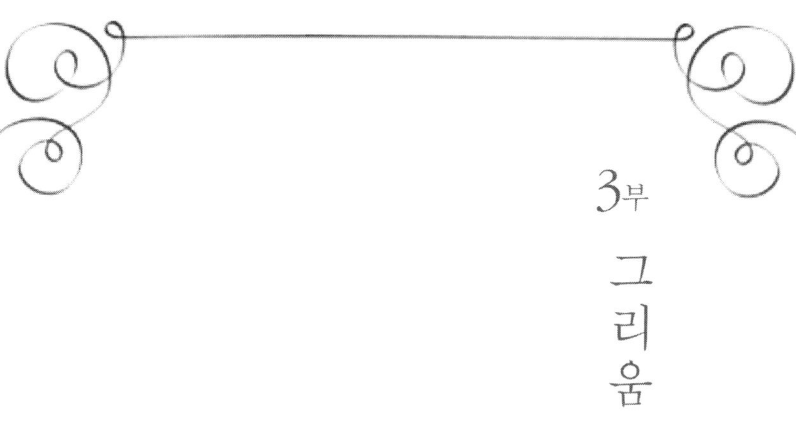

3부 그리움

홀로 나있는 하얀 길 위에
정이라도 쌓여 걸을 수 있다면
지내는 새벽에 그대 모습 담을 수 있을 텐데

이 시각 내가 불을 지피는 건
추운 방을 덥히려는 것이 아니라
마음 시리기 때문이리

하루 종일

하루 종일 니 생각에 길을 걷는다
잊을 수 있을까 수줍은 너의 눈동자
내 잘못이라 생각해도

어쩔 수 없었나봐, 모자란 사랑이라
미안하다고 말하기 싫었다
바보 같지만 이해하길 바랬고

보내기 싫었어, 착한 너의 뒷모습을
그땐 왜 몰랐을까
텅 빈 가슴에 눈물이 말라도

지나간 시간을 되돌릴 수 없겠지
어떻게 잊을까, 너의 미소를
술잔에 담겨진 초라한 내 모습

이렇게 눈물이 흐르고
니 모습 잊을 수가 없는데
세월이 우릴 잊게 하겠지

우리 서로 저 하늘을 보면서
잊을 수 있을까, 마지막 우리의 이별
하루 종일 내 두 눈에 비는 내리고.

별

바라보며
내 기억이 하나 둘 스며진 공간으로
새까만 숯 덩어리에 박힌 불씨들
그 중 하나를 꺼내 마음에 접어둔다

그리움이 길어지면 추억이 될까
차갑게 식어가는 심장처럼 바람은 싸늘해지고
하늘을 볼 때마다
내 눈물은 은하수로 흘러-가는지

불 꺼진 십자가에 매달릴 수 없는 고백 하나
죽어야만 끝날 미련한 나의 기억들
사랑을 받아야만 달래지는 해묵은 허기를
너에게서 구하고자 몸부림치는 이 밤

이제
나는 비밀스런 슬픔에
노스탤지어를 담아
조용하게 나의 별을 헤아린다.

내가 꿈꾸는 부탁

너 없이 살 수 있을 거라
그렇게 다짐하며 지내왔는데
이렇게 또 다시 너의 집 앞에서
떨어진 낙엽처럼 불러볼까, 서성이다
행여 니가 볼까 돌아서는 내 발걸음
차라리 뒷모습이라도 들킬 수만 있다면
니가 날 불러주지 않을까, 방황하며 서 있어
니 이름이라도
어리석은 나라서 용기 낼 수 없지만
바보 같은 나라서 너의 사진 앞에서
지나간 추억을 내 맘에 그리고 있어
나 이렇게 후회하고 있지만
다시 만난다 해도 붙잡을 순 없을 거야
못 타버린 바보 같은 서 다가설 수 없지만
이렇게 마주앉아 사랑이
널 만나 날아가 버릴 재가 될 테니
이젠 니 곁에서 영원히 떠나가려해
용서해줘 나를
내가 꿈꾸는 마지막 부탁이니까.

아픈 기억의 끝은 슬픈 추억의 시작이 되고

널 잊으려하면
항상 기억으로 다가오겠지
허전함이야 날리면 되니까

어리석은 마음
이렇게 잊지 못하고
서글픈 비 내리면
낯선 모습으로 서 있어

위로보다는
원망이 나올까
그래도 잊지 못할 너인데
차라리 니 맘을 그대로 놓아두면
이렇게 아프지는 않겠지

하지만
난
알고 있어

기억하기 싫은 건 추억해야 한다는 걸
아픈 기억의 끝은 슬픈 추억의 시작이라는 걸.

넋두리

절연 후,
재개된 두 개비의 연속적 소비
다짐이야 무색해지겠지만
나름대로의 나른한 휴식

생각하며 걷기엔
파리한 살갗으로
허전한 손마디에 끼워 넣을
양귀비 이파리
실재하지 않는
투박한 괴로움이지만
뭐라도 생각해내고자
발악하는 나의 몸부림

내 그리운 마음의
호수처럼 깊이 패인
지나간 상처들
처음 보는 벽돌들이
발밑 흙길을 깔아

걷는 것조차
옛 추억을 되살리지 못하고

나의 창문을 열어
보여줄 이 어디 있음에
비참해진 눈물을 거두고
새 미소로 나를 반기니
나는 홀로 빈 계단 위를 바라보며
비극의 세계를 경험할 유랑하는 신체로
빈소를 향해 올라가는 영혼이 될까
새벽을 탐하는 한 그루의 시인이 될까.

기억의 습작

널 떠나보냈고
그렇게 난 흘러왔는데

차창으로 보이는 노을
눈이 부셔 쳐다볼 수 없을 정도로
차라리 한쪽 손으로 감쌀까

망설인 적도 많았지
그냥 뛰어내리고 싶었던 겨울날
너무 아프게
하지만 눈물보일 수 없었던 젊음
쳐다보는 널 뒤로한 채 가야했지

그게 너였기에
진정 미치도록 아플 수 있었으니
그저 하늘에 감사할 따름일 뿐
더는 놓을 수 없는 너란 걸 알면서
한 통의 소포를 받았고
난 네가 보낸 선율을 들었지

버텨왔는데 무너지지 않으려고
잠깐 네 어깨에 기댄 적도 있었는데
네 슬픈 눈동자에 말해주려고
너무 오랜 시간을 견뎌왔었는데
글쎄
어떤 의미로 다가갈 수 있을는지
나는 다가가는데 그림자는 지쳐 있고

스무 살 때의 네 모습
세상의 모든 질투를 담은 너였기에
짧았던 입맞춤
그때 네 맘속에 들어갔어야 했는데
보고싶다
그 많은 함께 웃었던 날들을 기억하자

이젠 너에게 들었던 수화기를 놓으련다

한때 넌 내 미래였고
지금 그 미래에 내가 놓여있는데
이후,
이런 생각들이 또 어떤 미래에 당도해 있을까!

그대가 떠난 후

내가 살아가는 동안
한 가지 소원이 있었지
글쎄
아는 이 없고

만남 속에 이미
헤어짐이 기약되어 있다는 것을
의심하던 그대와의
첫 입맞춤

하지만
헤어져 있어도 늘 함께 있다는
안타까움으로
별에게 눈빛을 보내던 내 마음

기어코
사랑은
미처 그대를 잡지 못하고
길가에 나뒹구는 마지막 입맞춤

그대 떠난 후
그 마지막 길모퉁이에서
이별의 시간을 거슬러
나의 기억은
또다시 우리의 첫날을 부른다.

기억의 편린

구름은 조각으로 흩어지고
이별은 그림자로 다가오는데
눈물의 내 마음은
봄 눈꽃 되어 스러졌고
그대의 비수에 아렴풋한 두려움은
가슴 한 구석을 도려내었다
하얗게 지새웠던 많은 설레임의 시간
내 맘대로 그대를 사랑해도 되었는데
그대 내게 헤어지자던
그날 밤 차가운 촛불은
기나긴 어둠 별빛으로 녹아내리고
시린 추억마저 버리려하는지
밤새 뜬눈으로 그댈 바라보던 그때, 얼굴
아무리 울어도 소용없는 바보 같은 난
그대의 영혼에서
시간을 되돌릴 수 있을까.

가을에게 묻다

가을에게 묻노니
내가 어디에 있느뇨
가을에게 이르노니
나를 돌아보지 말게나
인생을 홀로 가는 것
지나온 세월도 억겁이요
앞으로 살아갈 시간은 더더욱 신기루이지만
이른 아침 안개 속을
사박사박 뒷짐 지고 걸어가 보았는가
내게 남은 생을 초연하게 가는 연습을 해야겠네
가을아, 가을아
나는 이렇게 오십 번의 당신을 맞이하네만
만날 때마다 그 가을이 아니로세…
우리가 얼마나 더 만날는지, 허허….

인연

바람이 갈대를 스칠 때
그대는 노을빛을 걷고
인연을 마음에 담으니
그저 이별할 날에 눈물이 흐른다

하늘, 그 점 하나 없는 공간
두 눈으로 그리워하는 찰나
나는 바람으로 살아서
그대 맘 언저리를 맴돌고

모든 그리움은 파아란 미소
설레이는 마음으로 남아
그대 숨소리는 마치
떠도는 뱃고동 소리로
내 귓가에 자리 잡는다

문득 지나가는 갈매기 나래
잔잔한 물보라 일으키고
애써 지친 몸을 감추려
힘껏 공중으로 노를 저음에

두고 온 마음이야
눈물에 잠기면 그만인데
잊혀지지 않을 그대 생각에
긴 밤을 새벽으로 지울 수 있으랴.

연인에게 2

늘 같은 자리에 있겠다던 너였는데
먼저 간 하늘에 니 모습 그리며
하루 종일 앉아있는 내가 보이니
날 잊고 살았으면 좋겠어

너무 그리워 이렇게 기다리고 있는
나를 생각한다면 비라도 뿌려줘
눈물이라도 감출 수 있기를
한참 동안 널 생각하게
끝없는 이야기를 바람에 실어
니가 있는 그곳에 주고 싶어

들을 수 있을 거야,
그 시절 추억에 흠뻑 빠져들어 봐

머무를 수 있을까
니 맘속에서 평생을 살고
영원히 널 지켜주고 싶던 나라서
널 보낸 나를 용서할 수 없어

너무 그리워하면 만남이 이뤄지는데
우린 그럴 수 없다는 슬픔에 갇혀 있고
너무 힘겨워 니 모습 기억나지 않으면
난 어떻게 살아갈까
그냥 걸으면 잊혀질까
그것조차 두려워 아무것도 할 수 없고
꿈에서나마 만날 수 있을까
차라리 깊은 잠에 빠져들고 싶어

세상이 추억으로 물들어 가면
넌 말없이 미소 짓고
잠깐 손을 흔들며 인사할 때
난 꿈에서 깨어 널 찾아 헤매지

쳇바퀴 돌 듯 살고 싶어
내 인생이 너의 기억 속에 머무를 수 있다면
천 번을 죽어 다가서고 싶어.

낡은 코트

오래된,

검은 날개 달린 망토
내 추웠던 날을 감싸주었던 품
얼마나 오랜 아픔을 간직하였던가
시대를 온몸으로 저항하기 위해
겁을 상실했던 나의 청춘을 이해해다오

한때,

새벽의 참혹한 시간들이 살아있었으며
견뎌내야 했던 일상의 공포들 속에서
승리를 장담할 수 없었던 지난한 전쟁이었지만
그 수많은 차례들을 지켜내며 우리는 버텨왔다

지금,

과거의 추억들을 다시 한 번 체험코자
네 앞에 변명의 말 한 마디 없이 서 있는데

넌 그런 나를 기다렸다는 듯 부드럽게 미소 지으니
나 용기 내어 이제 너와 함께
생사의 갈림길에서 장엄하게 묻힐 믿음 하나만으로
눈물 머금고 시들어진
너의 옷깃을 다시 곧추세운다.

비가(悲歌)

침묵,

이별을 예감했고
인연은 슬픔으로 기록되었기에
아름다웠던 자리에는 그저

미소,

너의 흔적만 남아있다

저 달은
검은 파도를 밀어내고
나는
노을 떠난 나뭇가지 아래
지워진 그림자를 짓이기니

아직은,

안 된다는 외침으로

내일
혼자 울며 서러워져 갈
일상의 무거운 내 발걸음

지금,

버려진 빗물 아래 서있기도 버겁다.

자화상

바람을 벗 삼은
하지만 목적지는 정해지지 않은 듯
검은 캔버스 속 한 남자는 담배와 걷고

이미 남루해진 거리엔 잠든 맥주 캔 하나
놀라지나 않을까 인기척조차 감추며
발길은 침묵에 바쳐지고

나는 지금 그의 외로움을 그리는 것일까
슬픔을 찍으려는 이유는
헤어진 연인을 생각하고 있을까

내가 그에게 건네줄 이야기는
어쩌면

차라리
바람에게 부탁해야겠어
그녀의 눈물을 당신에게 전해주겠다고

Instant,
당신의 담배 향기조차 그녀의 것이니….

세상에 비를 뿌리듯

세상에 비를 뿌리듯
내 마음에 눈물이 고인다

사무치는
숱한 설레임들
온 대지에 풍경을 만드는
사랑의 세레나데

내 쓰라린 마음을
적셔주는 그대의 손길
뒤틀린 내 영혼에
상념 없이 흐르는 눈물

내 사랑아
붉은 세월을 맞이하는
노을이 물 든다

나의 세상이 발갛게 물들어간다.

지금, 네 뒷모습으로

아무 것도 걸치지 않은
뒷모습의 너처럼
아름다운 것이 세상 어디에 존재하리라는
종일 그런 생각에
물 한 모금 없이
나의 시간은 그저 웃을 수 있고

패인 빗물처럼
니 맘에 들어갈 수만 있다면
이별했어도

그리 두렵지 않을 날들로 채워질 수 있는
나의 일년을
어떻게든 버틸 수 있다는 사실만으로도
세상이
내 생각대로 움직여지는 공간으로 남는데

To be continued.

별에게

하늘에 기댄 저 별 하나
나보다 더 외로워 보이는 건
낮으로 가버린 님 때문인가
달빛에 타버린 사랑 때문인가.

편지

두 해에 덮인 상념들로
고즈넉이 놓여있는 고백
내 마음은 짓눌린 고독으로
새벽을 기다리는 어두운 안개

애착의 인연은
보내지 못하는 아쉬움
내 향기 보태 날아가는,
그댈 향한
서글픈 사랑의 이력서.

4부

타자

남겨져야 할 우리의 정의는
나로 인해 영원한 비극으로 변하게 될 것이며
이제 모든 것을 변명해야 하는 나의 두 손은
그저 애욕의 관자놀이에 육혈포를 들이댈
수밖에

마릴린에게

노마,

그대의 영면은
세상의 모든 관음을 잠재웠고
더 이상
탐할 수 없음에
기쁨도 슬픔도 남아있지 못하여
이렇게
한 장의 찬사로 대신하니

어떤 장황함으로도
설명하지 못할 충분한 교태
뭇-남성들의 상징을 파괴한
세상 최고의 둔부

이제
미소는 남겨진 자들의
가증스런 파멸을 부를 것이니

부디
그대의 육신을 버리고
평안의 영혼으로
애욕의 스크린에 저주를 퍼부으라.

백야행-하얀 어둠 속을 걷다(손예진에게)

눈을 감을 때
니가 곁에 있었으면
그게 내 소원이야

소설 속의 베르테르처럼
영화 속의 개츠비처럼
한 여자만 사랑한 나였어

운명이란 이런 걸까
사랑에만 해당되는 언어
널 만나 그걸 느꼈지

널 처음 본 순간
사랑하고 말았어
내 맘 어쩔 수 없었지

견딜 수 있을까
널 볼 수 없다는 사실을
나 죽을 것만 같은데

부질없다는 걸 알지만
어리석은 내 눈물로
너와의 거리를 잊고 싶어

내 삶의 흔적들을
알았으면 싶은데

나 떠나면 혹시나
니가 곁에 있을 시간을
세상이 허락해줄까

돌아올 수 없는 여행으로
내게 올 시간을
하늘이 허락해줄까

하얀 어둠 속을 걷는 나에게.

멋진 놈(대니얼 크레이그에게)

거친 세상과 싸우고 싶은
사나이 로망스
그래,
난 내 영혼의 미래를 위해
이렇게
처절하고 행복하게 싸우고 있다

오직
너를 위해 떨쳐버려야 했던
내 멋진 몸의 관능
아주 오랜 시간을 돌아온
한 남자의 비밀스런 유혹이여

이미 벼려야할 것들은
내게 있어
의미를 상실한 하얀 세월
부수어버린 내 청춘의 열기 속에서
활화산처럼 솟구치는
강렬한 사랑이여

깊어질 만큼 깊어져야
간직되는 기억으로
내가 그대 속에서
완전하게 그대임으로 살기에
나란 놈은
여전히 나의 길을 모색중이다

또 다른 시간으로 찍혀질
나의 방점을 위해.

색, 계(탕웨이에게)

결국
허무하게 끝날 줄 알면서도
나는 어리석은 선택을 하고 말았다

그에게 다가갈수록
사람들은 유혹이라 부르고
사랑하면 안 되는 걸 알기에
어디쯤에 선을 그어야하는지

그 사람을 죽여야만 내가 사는데
한 발 다가설수록
치명적인 설레임은 나를 감싸고
벗어날 수 없다는 직감이 슬며시 엄습해온다

이 잔 속에
바람에 쫓긴 갈대들이 녹아있지만
혀끝의 달콤함조차 감지할 수 없기에
흐르는 미풍에도 가슴이 쓰리다

나의 인정 욕구가
그의 거친 손길을 점점 요구받으려 하고
달아오르는 몸뚱아리를 주체할 수 없음에
그저 나의 현재를 증오할 뿐이니

남겨져야 할 우리의 정의는
나로 인해 영원한 비극으로 변하게 될 것이며
이제 모든 것을 변명해야 하는 나의 두 손은
그저 애욕의 관자놀이에 육혈포를 들이댈 수밖에

시인이 된 형(제갈양 선생님에게)

형은
내게 시인으로 다가오셨습니다

내가 꿈꾸던 세계는
그녀에게서 찾을 수 있었고
그 세계를 표현하려 했던
나의 언어는
형의 삶에 녹아들 수 있었습니다

형은
나의 생각에 개념을 심어주셨고
내게 존재하는 모든 경험의 사태를
사차원의 몽환적 세계에서
삼차원의 현실로 데려다 주셨기에
나는
소멸되어선 안 될 사물의 중요성까지
깨닫게 되었습니다

말할 수 없는 것까지 말해야 하는

비극의 시인이 될 수 있음에 감사하며
비로소 내가 표현할 수 있을 만큼의
감성적 충만함으로 마음껏
세상에 펼쳐보겠습니다

내가 알고 있는
수다한 시인들 중에서
형은
진정으로
내게 있어서만큼은 최고의 시인입니다.

태극기 휘날리며(장동건에게)

만일 전쟁이 세련되게 진행된다면 그건 단지
폭격만으로도 종결될 것이다
반드시 치유해야만 할 고통을 보여주는 영화에서조차
우리는 정반대의 사고 즉 전투 장면의 미학에
시선을 집중하고 있다
전쟁은 인류 역사에 있어 하나의 과정이며
또 다른 관점에서
하나의 탈선이다
이제,
진정한 평화가 전쟁 뒤에 탄생된다는 도덕의 아이러니를
어떻게든 해명해야 할 시점이 우리에게 도래했다

꽃이
피로 물들어 가면
그때서야
지긋지긋한 싸움이 끝나려나
비극의 고지에서 스스로 던지는
단 하나의 물음

너를 죽여야만 하는 나의 의지는
어디로 가야할까

함부로 두려워해서는 안 될
비명의 시간에서
나는
너에 대한 살해를
논리적으로 해명해야 한다

어떻게든
패배하지 말아야 할 서로의 운명을 지닌 우리는
아무도 가려하지 않는
각자의 발걸음에 놓여진 채,

계산되지 못할 겸손한 과정의 침묵 속에서
전장으로부터 추방될지 모를
전율로 사라질 것이다.

악녀(김옥빈에게)

악녀,

너의 요염한 뒷모습은
우울한 정열의 자태
모든 앙금을 갖춘 여인으로서의
상징적인 포퓰러
연약한 살인자의 본능에 숨겨진
다양한 이미지의 집합체

너의 눈물을 대신 슬퍼할
비창의 스캔들을 보여주려는
그리하여
진정한 너를 감추려는 악마적 수필

보는 이들의 익숙해진 비명을 뒤로한 채
그려지는 세계는 이미 무르익은 공포
하지만
나는 너를 볼 때마다 눈물을 흘린다

악녀,

절대 뒤돌아보려 말고
절대 고개 떨구지 마라

핏빛으로 가득 찬 스크린에 나타난
너의 증오적 요염은 수많은 미학들의 반향
그로 인해
아름다운 살인자로서의 면모를 갖춘 너는
쿠엔틴 타란티노의 찬사를 받을 것이니
피사체의 한 덩어리에 지나지 않는
수많고 어설픈 상업의 열정을 넘어
오직 사지로 걸어가는 야만의 존재로 남으라!

나의 마돈나여(김완선에게)

나의 마돈나여!
그대의 몸짓은 관능의 시초였으며
버릴 것 하나 없는 유혹의 메시아로 남아

가혹한 헤라의 시선에도 아랑곳 않을
곡선의 아름다움으로 우리를 지켜왔다
그리하여 나의 마돈나여!

그대의 지칠 줄 모르는 끼에
모든 이들의 시선이 강탈되었고
이후 모든 에로틱의 비천함은

흐르는 아류에 지나지 않았어라
이제 나의 마돈나여!
결코 평범하지 못할 그대라는 육체의 자산에

나 여기 예를 갖춰 경의를 표하고자
하얀 지면에 검은 잉크로 수를 놓으니
목소리는 영혼을 신은 채 활자 위를 산책하고

몸짓은 화면에 실려 온 누리에 꽃으로 피어나라
그리고 그대 스러져 사라지고난 후
모든 이들의 가슴에 한 떨기 상처로 남으라
그대는 그렇게 영원한 아픔으로 남으라.

사무라이(카미이즈미 노부츠나에게)

거친 바람은
내 심장을 뜨겁게 했고
장렬한 태양은

내 살을 냉혈로 이끌었으니
무뎌지지 않을
양날에 의해

세상은 베어질 것이며
모든 존재하는 복종은
내 발 아래 닿을 것이리

약관에
우주의 이치를 느끼고
이립에
만물을 품에 안으려하니

무릇 남아의 삶이란
생사를 마음에 두지 않음으로

흐르는 운명을 이 검에 걸고
나 이제
그대들에게 천하를 요청하리.

선율(기타리스트 최원호에게)

그대의 온 생각들이
손가락에 튕겨지면
시간은 선율로 흐르고
다가왔던 첫사랑의 설레임처럼
모든 관객들이 당신에게 빠져든다

기타가 흥에 겨워 춤을 추며
객석의 세상이 음악으로 덮인 지금
보탤 것 하나 없는 그대의 재능에
뮤즈조차 시샘을 던지리

연주,
그 사태가 주어진 운명이라면
주저치 말고 향연의 바다에서
그대의 배에 줄을 엮어 시위를 당기라

여기,
연주자를 향한 갈채의 눈동자가 존재하며
시선들의 고정 속에 그대는 말이 없고

두 손에 담긴 열정의 가락만이
마디를 타고 돌아 정적을 휘감으니
이윽고
세상의 모든 감정들은 그대의 시간으로 침잠되리.

아메리칸 스나이퍼(크리스 카일에게)

한 줄의 시를 쓴다는 것은
자신의 심장에 방아쇠를 당기는 짓

자신의 가슴을 세상에 기투하며
온 사태와 전쟁을 벌이는 고난의 작업

여기
고개 숙인 한 남자가 서 있네

아메리칸 스나이퍼
가족을 위해
평화를 위해
자신의 건을 벗 삼아
아무도 바라봐주지 않을 심연의 굴레에서
고독에 몸부림치며 트리거를 짓누르니
드디어
정해진 세상의 악은 무릎을 꿇고
다듬어진 정의는 그대를 미소 지으리

이제
그대를 신의 두 손에 올려놓으며
비겁한 우리는 평안의 기도를 올리니
부디 하늘의 태양시시여
고요히 잠든 용사의 무덤가에
영원한 광명의 안식을 선사해주소서.

천장지구

사랑,

단 하나의 조건이 있다면
오직 너여야만 한다
함께 떠나고 싶기에

하늘,

잿빛 나의 꿈에
오직 너라는 희망을 싣고
끝없이 도주하고 싶다

죽음,

너와의 이별이란
내겐 그저 죽음으로 성립될 뿐
추억조차 미소로 담아두자

인생,

덧없는 시간으로 기억될지라도
우리 서로 잊지 말기를
어차피 하늘과 땅은 닿을 수 없다는 진리

넌 내게
처음이자 마지막 사랑이었고
떠나는 내게 넌 아픔이 될 수밖에.

카사블랑카의 연인처럼

사랑했기에 보낼 수 있는
내 자신이 영화 속 주인공 같았어

모든 시절의 회색빛 추억들
그리움 가득한 밤으로 다가와
수많은 별들의 꿈처럼 내 맘속에
널 가득 담은 캔버스 한 장으로 남아
널 그릴 수 있다는 생각으로
매일 상상 속의 물감에 담고서
나만의 방식으로 스케치를 하면
어느새 넌 내 곁으로 다가오곤 해

다시 만날 수 있을까 그리운 너를
부르는 것보다 그리는 것이 이렇게
남겨둔 사랑으로 다가오는 것이기에
언젠가 돌아올 거라는 기대를 하고

문득 니가 떠난 자리에 바람이 불면
내가 알던 그 향기를 품을 수 있을까

눈감으면 떠나간 널 다시 가슴에 안고
예뻤던 시절에 우릴 머무르게 기도하지

카사블랑카의 연인처럼
어쩔 수 없었던 우리의 이야기
유리잔에 담긴 너의 맑은 눈동자
별을 보며 항상 기다리게 해

기억할 수 있다는 나의 일상이
널 내게 머무를 수 있게 하고
그리워해야만 볼 수 있다는
전설 같은 얘기를 떨쳐버리지

건널 수 없는 강이기를 바랬지만
이룰 수 없는 꿈이 되어버렸기에
너를 지키지 못했던 그때의 나를
이젠 용서해줄 수 있는지

얼룩진 우리의 상처일지라도
너무 힘겨워하지 마
그래도 나 이렇게 돌아올 널 위해
죽도록 그리워하고 있을 테니

그림 한 장으로도 가능하다면
아름다운 시절에 머무를 수 있는
세상을 간절하게 만들고 싶어
그곳에 너만 담아둘 수 있다면.

화가 몽원(노춘석 선생님에게)

모든 흔한 것들이
그대에게
범상치 않음으로 다가오고
그 단편의 세계를 취미로
캔버스에 붓을 가할 수 있다면
형언할 수 없음을 빌미로
신이 허락한 사고를 들추어
욕망의 조각들을 맞추기 위한
그대의 육체적 고난들조차
행복한 비명으로 색에 첨부되리라
이제
하늘을 그대 파람의 영역으로 데려올 것이며
바다를 그대의 시안(cyan)으로 수놓을 것이니
여기 찰나로 목도될 광활한 대지여
찬란한 희생으로 그대의 두 손에 포합되리라.

김 식 시집

5부

철학

허무의 세상
한 점의 붓
나는 무념무상의 은자

신비, 보이지 않음으로

그대는 무엇을 보려하는가

그대는
그대의 시선으로 타자의 부재를 소거하려드는가

보이는 것이야말로 세계에 포착된 즉자로서 존재하는
것이니 그대, 보려 말고 느끼려 들라

그대의 사고는 잠들어 있는 사태를 깨우고
말로 설명될 수 없는 것들에 스스로 의미를 부여하니
진리는 오직 그대의 세계에서만 가능하게 되리라

나는 이 자리에서 감히
르네 데카르트의 생각된 몸이 아닌,
메를로 뽕띠의 '살' 개념으로 덤비노니
모든 부딪치는 것들은
그저 내게 하나의 예단될 감각으로 다가올 것이며

그것은 보이지 않는 침묵의 구조에서 벗어나
우리의 사고를 대상의 가장자리로 굴착시켜
항상 감지 가능한 세계 내 존재로 환원시키리라

그리하여
그대는 신비에 대해 말할 수 있는 자격을 부여받으라.

비트겐슈타인의 고통을 기리며

형이상학들이 배가의 신비에 쌓여 있을 때
한 방울의 언어 이론에로 응축시키려 했던
철학자의 처절한 몸부림

사고의 원천은
언어 속에 잠재해 있었으니
활자는 손에 닿을 다솜의 별이었으리라

플라톤의 각주에 지나지 않는 철학의 위태로움에서
나,
통렬하게 자멸하리라

분석의 외길에서 눈물로 첨망했던
비트겐슈타인의 고통을 기리며.

공존의 고통

잊으라는 건
내 생각으로 결정된
구도 속에서 갈구되는
사랑의 막다른 표현

가슴 끝에 박힌
칼날 같은 아픔으로
빈틈의 심장을 꽉 채운
못난 그리움

그러나
무엇인지 모르고 사는 것보다
차라리
공존의 쓰라린 고통으로
모든 순간을 영면하는 것도
눈물겹게 살아가는 것도
따뜻했던
그대 품을 기억하는 방편일 테니.

여백

칠감이
필요 없을 만큼의
무색무취
비어있는
공간일 수밖에

하지만
세상에 대한 보답으로
아름다운 공유를 해보는
기적 같은
소중한 공감을 이끌어낼 수 있을
그게 나의 책임이기에
내가 살아가는 이야기이기에

모든
담길 이유들이야 수많은데
거창한 자신감으로 만들어낼 연속성 위에
아주

작은 점 하나로 시작하여
온
우주를 완성하고 싶은데

그렇게
빈 곳을 채우고 싶은
마음뿐인데.

Nude Woman In My Mind

너는
아름다움을 창조해내는
절대적 대상이자 벗은 색채의 담지자
동양적 사고의 숭고미가 드러내는
서양적 사고의 섹시미

네 곁에 있으면
나는 허물어지는 마음이 되고
너의 누드-크로키는
하나의 대상으로 당당하다

완성된 전율로서의 그대는
이미
숨겨진 이미지의 총체로서 내게 현전하니,
익명의 뒷모습조차
자연스러운 개연성으로 다가오고
너에 대한 관심조차
역설적이게도 원숙한 표현으로 배치되면

진정
눈물겹도록 섹시한 너의 풍경들
너라는 몸이
그야말로 내게 진실된 부활을 의미하는 것일까,
아니면
외모의 세계를 후퇴시키기 위해
너의 몸이 드러내는
리얼리즘의 한계라고 말해져야하는가.

죽음의 철학적 시도

소재를 초월할 수 있을
자그마한 자살과의 조우를 시도하니
그것은
차라리 암으로 살아남아
내 모든 존재방식으로 거주하라

그리하여
나는
생의 박탈에 이르러서야
레니 리텐슈팔의 의지조차 죽음으로 항거하리라

죽음은
가장 일반화된 예술로
모든 작가들의 태도가 될 수 있기에
나는
내가 가질 영면을 사유하기 위해
어떤 역사에 홍미를 가졌던가

죽음이라는 진리를 규정하지 않았음에도
그것의 절차를 위한 나 스스로의 폐지를 위해
생을 상실하고 공간을 솎아내며
시간의 부재를 증명하려
니체에 대한 복수를 시도해본 적 있는가

그리하여
나는 죽은 시인들의 목록에 참여할 수 있는가.

깊이

은폐의 차원 그 자체가 말해질 수 있는가
보이는 것이야말로 본디 제시될 수 없는 어떤 존재
본다는 것은
감각성으로 타자를 탐닉하려는 헛된 시도이자,
부분을 전체로 착각하려는 무모한 발악

가장된 헝겊 따위로 벗은 여인의 근본을 어찌
파악할 수 있는가

의미는 보이지 않음에 그 의미가 생생한 것일 뿐
한갓 공상의 시선으로 여인을 단정 짓지 말자

움직임 없는 모순의 몸짓에 모든 충분한 세계를
이미 공식화시켰으니
우리는 그저 여인이 깨어나기만을 기다릴 수밖에

그리고
우리는 이후의 세계에 대하여 궁금해 하지도 말자.

꿈

저 산 너머 내 꿈 다다를 때까지
그저 묵묵히 걸어갈 것이니
가지 못할지언정
부는 바람에라도 실어 보낼 수 있으리

내가 서있는 자리야
아주 오래된 새 길일 것이니
누구에게도 시간 따위야 묻지 않으리

나,
지쳐 쓰러지는 법을 배우지 않았음에
차라리
무형에 결박된 빈털터리 되어
붓 하나로 깨끗한 세상을 품에 안으리.

공간을 위하여

특별할 것 없을,
보잘 것 없이
드러난 장면

허나
내 맘이 담긴
내 몸이,
내 몸이 담긴
내 맘이,
닿아있을 평안의 곳

그곳이 안식처임을
깨닫는 순간
내 삶은
마침표 속에 깃들어라

오직
너와 머무를 수 있을
어느 한 삶만 있어도 좋아라

그렇게
나는,
내 몸은,
공간으로 살아
내 사랑만 있는 모든 곳에
가녀린 영혼으로라도
너와
인사를 나누어라!

탑

추운 날,

누구 하나
보살펴주지 않았을 괘씸함에도
밤새워
어느 분의 소망을 쌓고 서있는가

설움에 받친
아낙네의 합장에도
첫사랑을 추억하는
젊은 여인의 눈물에도
등재된 내 몸이야
빗물에 씻기면 그만인 것이기에
신념 깊은 자태로
세상을 내려다보는 상제여

물을 주지 않아도
자라는 돌 한 그루
도반을 문안 인사로 맞이하는
그대는

부처의 가르침이던가
열반의 자아이던가.

소리에 대하여

보이는 울림
몸짓으로 꾸며진 지각의 흔들림
지극한 혼불의 반영체

가식 없는 눈빛으로
세상을 바라보는 움직임은
놓여진 올곶한 존재를 발견하고

예술가,

손짓은 하늘을 진동하고
발짓은 대지를 다스리니
행위여 타자를 보듬으라

여기,

무대에 올려진 사람 있어
자신의 욕망을 뿜어내니
주인공이시여

온 세상의 설움을
그대 손마디의 외침으로 토해내라.

너라는 이름에 의해서만

너는 내게 그리움을 암시하는 동시에
이미 그리움의 영역을 넘어서 있었고
차라리 그리움의 영속이었으니

내가 너에게 빠진 그날부터 예상된 것처럼
너로 채워진 온통 나의 아름다운 날들이야
너라는 계절을 통과해야만 사랑을 알게 되었고

그래서 넌 내게 있어 기다려야 할 시간들
시간을 돌려 멀게만 느껴졌던 사랑한 기억을
아주 오래된
차가운 미소의 슬픔으로 참아내던 너라는 걸

이제
우리의 지나간 시간들은 그리운 풍경으로
지워질 수 있게 가슴에 간직할 수 있도록

내게 머물던 짧은 니 미소조차 추억으로
세상 모든 것들을 감싸 안을 철학으로 남아
이 공간 나의 슬픈 자리에서 맴돌 수 있기를

아니짜-변하고 변하고 변한다

빈 곳
역설적인,
무-존재의 지각

정지된 시각
니르바나의 공간
날란다

허무의 세상
한 점의 붓
나는 무념무상의 은자

하지만
거스를 수 없는,

아니짜.

김 식 시집

늙은 베르테르의 죽음
김 식 시집

발 행 일 | 2019년 06월 25일
지 은 이 | 김 식
발 행 인 | 李憲錫
발 행 처 | 오늘의문학사
출판등록 | 제55호(1993년 6월 23일)
주 소 | 대전광역시 동구 대전로 867번길 52(한밭오피스텔 401호)
전화번호 | (042)624-2980
팩시밀리 | (042)628-2983
전자우편 | hs2980@hanmail.net
카 페 | cafe.daum.net/gljang(문학사랑 글짱들)
cafe.daum.net/art-i-ma(아트매거진)

공 급 처 | 한국출판협동조합
주문전화 | (070)7119-1752
팩시밀리 | (031)944-8234~6

ISBN 978-89-5669-940-0
값 9,000원

* 이 책은 교보문고에서 E-Book(전자책)으로 제작 · 판매합니다.
* 잘못 제작된 책은 바꾸어 드립니다.
* 이 도서의 국립중앙도서관 출판예정도서목록(CIP)은 서지정보유통지원시스템 홈페이지 (http://seoji.nl.go.kr)와 국가자료종합목록 구축시스템(http://kolis-net.nl.go.kr)에서 이용하실 수 있습니다.
(CIP제어번호 : CIP2019024631)